12/10/19

Voor Glen,

Met een bijvriendelijke liefdevolle familie thuis,

Nicolette

IN NAAM DER KONINGIN

IN NAAM DER KONINGIN

Een ABC voor de Bij

Nicolette Berendsen

IN NAAM DER KONINGIN

Een ABC voor de Bij

Nicolette Berendsen

Colofon

© Nicolette Berendsen

Titel: In naam der Koningin

Ondertitel: Een ABC voor de Bij

ISBN 978 90 827 138 0 0

NUR 410

Tekst en illustraties © Nicolette Berendsen

Uitgever: Hoofdkantoor Bijzaken © (www.hoofdkantoorbijzaken.nl)

1e druk zomer 2017

Drukwerk: Wöhrmann B.V. Zutphen

Vormgeving: Repro Design, Zutphen

Andere boeken van Nicolette Berendsen:
Echtscheiding en Marokkaanse vrouwen, ISBN 905 21 30183, uitgegeven door Rijks Universiteit Utrecht

Twee delen in De Kwartjesreeks © 2007, kleine boekjes, die eruit zien en lezen als een kinderboek, maar bestemd zijn voor volwassenen om kwartjes te laten vallen:
* Oog in Oog, bestemd voor gehuwden in een echtscheidingssituatie
* Mijn Deur, speciaal bestemd voor scheidende ouders, ISBN 978 90 814 57 019

Ter nagedachtenis aan 4 Koninginnen uit mijn leven:
Maryse van Basten Batenburg
Louise Companjen
Wouterina van Raamsdonk
Emmy Tamminga

Voorwoord

Even voor de goede orde: dit is geen wetenschappelijk bijenboek! Ik ben van huis uit een "bijenleek" en niet met honing opgevoed.
Wel woonde ik als kind in een boswachtershuis en zwierf ik het liefst alleen door de natuur. Midden in het bos lag mijn half ondergrondse hut, zorgvuldig bekleed met sterremos, vanwaaruit ik de betoverende natuur aandachtig bestudeerde. Ik heb er nooit genoeg van gekregen.
Pas vanaf 2009 vloog de Bij specifiek op mijn weg toen ik, samen met twee vriendinnen, in Zutphen de geboorte van "het Bijenlint" meemaakte. Een stuk openbare grond werd in onze schoot geworpen. We creëerden een bijentuin in het Sydneypark en maakten de illegaal verschijnende krant "De Bijlage". De Bij leek een hoofdrol te willen spelen als vertegenwoordiger van de aarde en de zorgwekkende toestand waarin deze zich bevindt. Ik begon me te verdiepen in wat er gaande is.
Zo ontstond dit alfabet. Het is slechts een kleine greep uit het leven van deze onmisbare wonderen. Ik heb geroeid met oude meesterlijke riemen, die ik nog ergens had liggen, in een zee vol beschikbare openbare informatie. Ik ben zo zorgvuldig mogelijk te werk gegaan. Mocht er toch een menselijke fout zijn opgevist, dan vertrouw ik erop dat de echte geleerden de kans zullen grijpen dat kenbaar te maken in het algemeen belang van de bij en wie weet voor een tweede druk van dit boek! BIJ voorbaat dank.

Rekening en verantwoording

Ik ben een geboren 'dingen-zoeker '. Ik vind zonder te zoeken.
Mijn atelier is rijk gevuld met associatief, intuïtief, op mijn weg gevonden materiaal. Af en toe moet er opgeruimd worden. Niet alleen in mijn atelier, maar ook in mijn geest. Dan ontstaat mijn werk. In de voor dit boek gemaakte gemengde techniek-collages heb ik de lievelingskleuren van de bij gebruikt en zijn oude "zwerf-afval-afbeeldingen" verwerkt, waarvan de bron voor mij niet meer te achterhalen is. Mocht iemand zichzelf of een onderdeel in een afbeelding herkennen, dan berust dit op puur toeval.
Bedenk dan dat het werk gemaakt werd in het belang van de bij en de aarde, waarvoor dank.

BZZZZZZZZZZZZZZZZZZZZZZZZZZZZZZZZZZZZZZZZZZZZ

GEBRUIKSAANWIJZING

Een Bij kent geen ABC. Het is een door de mens bedacht systeem. Voel je vrij om bij het lezen van dit boek tussentijds je vleugels uit te slaan en af te wijken van de gebruikelijke alfabetische route. Ga op avontuur. Vlieg erop uit en laat je verrassend bestuiven! De tekst bij elke letter is apart te lezen. Spannend? Wees gerust. Het Koninklijke leeslint is je houvast en zal je herinneren aan de officiële bladzijde, waar je als ABC-mens gebleven zou zijn.

Inhoud

De **N** is van Nectar, broodnodige Noodzaak

De **O** is van Oorsprong, van Onkruid en Onder professoren

De **P** is van Parasiet, een profiterende collega

De **Q** is van QuinQuespinosus rophites, een sociale, wilde slurfbij

De **R** is van Raat en Richtingsgevoel

De **S** is van Stuifmeel, mobiel door de Bij

De **T** is van Tuin en zelfs van Terras

De **U** is van Uiterlijke Uitkijk

De **V** is van Vrouw, een zelfstandige Verleidster

De **W** is van Werkster, Was en Winter

De **X** is van Xylocopa, zeg maar gewoon “de Houtbij”

De **Y** is van IJverig, niet allemaal

De **Z** is van Zon, van Zaaien en Zutphen

FACTORY COMPOUND
CENTRAL OFFICE
LATEX STATION
DIVISIONAL OFFICE
GARAGE COMPOUND

De A is van Aarde, er is er maar één

A

Hierbij beloof ik, IN NAAM DER KONINGIN, dat de letter Z zonnig zal zijn, maar eerst zullen we door wat zure appels heen moeten bijten.
De mens heeft er op aarde een potje van gemaakt en speelt teveel "alleen op de wereld". De toenemende sterfte van de bij is een direct gevolg hiervan. De bij is een onmisbare schakel in de natuur. Veel bomen, planten en hun opbrengsten danken hun bestaan aan de bij. Ze brengen ons de kersen op de taart! De A zou dus van Alarm kunnen zijn. Of van Albert, Albert Einstein? Nee, dit gaat gelukkig te ver. Het hardnekkige fabeltje dat Albert Einstein beweerde dat als de bij uitsterft de mens na 4 jaar zal volgen kan hierbij gelukkig de wereld uit. Deze bewering klopt niet en Albert was te slim om zoiets te verkondigen, zeggen de geleerden. Als de bij ten onder gaat, zullen wij in principe blijven bestaan, al zal de opbrengst van de aarde aanzienlijk afnemen en al zullen er zeker veel mensen van de honger overlijden. Driekwart van de gewassen op aarde heeft namelijk een veel grotere oogst als er insecten zijn. Granen en grassen worden door de wind bestoven. Tarwe, gerst en hop hebben geen insecten nodig, dus het bier loopt geen gevaar. En de creatieve mens zal in tijden van schaarste vast manieren vinden om het nuttige werk van de bij te vervangen als deze zou uitsterven, maar leuker en gezonder wordt het er niet op.
De A dus ook graag van Aandacht, nu het nog kan.

TRUE
MAG
N
A-12230-15

De B is van Bij, van Bloemen en Blij

B

Het is te hopen dat elk gebouw een bloemrijke omgeving heeft of een dakterras met bloeiende planten, want anders is er weinig leuks te beleven voor de bij. Een bij sterft als er geen bloemen op vliegafstand zijn. Een fris, 'keurig', onkruidvrij gazon is voor een bij een groene woestijn.

Als 'bijenleek' dacht ik dat alle bijen bruingele, donzige insecten waren, behorend tot een zwerm, die ijverig van bloem naar bloem vlogen om ingrediënten te verzamelen voor het beroemde eindproduct : de honing. Inmiddels weet ik beter. Dit zijn alleen de honingbijen, die een soort huisdieren van de imkers zijn en die ook op wereldformaat worden ingezet om gewassen te bestuiven. Daarnaast zijn er, alleen al in Nederland, zo'n 358 andere wilde bijensoorten, waaronder 25 hommelsoorten. Deze wilde bijen hebben, met uitzondering van de hommels, niets met honing of zwermen te maken, maar zijn net zo belangrijk voor het voortbestaan van de natuur.

Ook de hommel behoort dus tot de bijenfamilie. Deze bontjas dragende bij is een geval apart, die er zijn eigen rituelen op na houdt. Hij is van alle bijen het best in staat ook bij frisser weer schommelend rond te vliegen en leeft in het wild vaak in kleine kolonies, maar kan niet zo communiceren als de honingbij. Sommige soorten hommels zijn inmiddels door de mens ontdekt om planten in kassen te bestuiven. Deze dikke bijenvrienden brengen ons grote aardbeien en tomaten.

COURT HOUSE
TRIBAL BURIAL GROUND
SCHOOL & TEACHER HO
RUBBER BOUNDARY
PRIMARY ROADS

De C is van Ceratina Cyanea, om eens een wild voorbeeld te noemen

C

Deze prachtige kale bij heet in het Nederlands gewoon 'de blauwe ertsbij'. Hij is heel klein (5-7 mm), metaalblauw en houdt het meest van bramenbloesem. Daarnaast is hij gezien op 15 andere planten-soorten. De mannetjes hebben een witte vlek op hun bovenlip (vrouwtjes zelden). De blauwe ertsbij is in Nederland vrij zeldzaam en komt vooral in Zuid-Limburg voor.
Zowel de mannetjes als de vrouwtjes zijn solitair levend. Ze zoeken elkaar alleen op om te paren. Het vrouwtje maakt dit hoogtepunt maar eens in haar leven mee, bouwt dan een nest in een holle stengel, legt hierin wat eitjes en trekt erop uit om voedsel te zoeken voor zichzelf en haar nazaten. Haar kroost vliegt na 6 tot 8 weken uit. Dan zit de taak van de moeder erop. Ze zal de winter niet halen. Haar kinderen wel. Die overwinteren, soms met wat soortgenoten, in holle stengels en vliegen in april weer uit om op zoek te gaan naar een kandidaat om mee te paren. Zo herhaalt de geschiedenis zich en worden er, mede dankzij de blauwe ertsbij, bloemen bestoven.
Deze bijensoort werd in 1881 voor het eerst gemeld in de omgeving van Maastricht.

Hoe weet ik dit nu opeens allemaal als "bijenleek"? Er zijn bijzondere mensen, " the Beewatchers", die alles over hebben voor de bij. In hun vrije tijd trekken ze er op uit om de verschillende bijensoorten te tellen, te bestuderen en de resultaten vast te leggen. Uren liggen ze in het gras of op de hei om te ontdekken welke bloem door welke bij wordt bezocht. Een vak apart dat ze vaak als een uit de hand gelopen hobby uitoefenen. Ze delen hun kennis en bundelen hun krachten in het belang van de bij. Voor mij zijn het helden.

De D is van Doen, doen door te laten

D

De bij is in nood, een patiënt op de intensive care zeggen de kenners. Steeds meer bijen gaan dood door verschillende oorzaken van wereldformaat. Dit heeft vooral te maken met de door de mens gecreëerde verandering van het landschap. Veel wilde planten, bloemen en bijen verdwijnen door de grootschalige landbouw en de bestrijdingsmiddelen, die hierbij worden ingezet. De natuur verliest zijn biodiversiteit, er treedt een verarming van het milieu op en er breken virussen uit. Zo is er een bijenpest uitgebroken onder de honingbijen door de varroamijt, een kleine bloedzuigende parasiet, die bijenlarven uitput en bij volwassen bijen onder de huid kruipt, om ze, al bloedzuigend, ten onder te laten gaan. Deze mijt leefde eerst alleen in Azië van het bloed van een sterke Aziatische honingbij, die ertegen kan. Er was een natuurlijke balans, die verstoord raakte, toen de mens in Azië en vervolgens in andere werelddelen aan 'de handel' ging met de Europese honingbij, die niet tegen de varroamijt bleek te zijn opgewassen.

Maar gelukkig is er ook goed nieuws! Want de bij helpen kan iedereen. Door wat te doen en vooral door wat te laten. Tijd voor de praktische tips:

- Laat de natuur wat meer zijn gang gaan in je tuin of in een hoekje op je balkon. Het begrip onkruid kent de bij niet.
- Laat de vrije natuur vrijer en laat alles in alle rust groeien en bloeien. Bemoei je er niet teveel mee.
- Ruim de natuur zelf niet teveel op. Verwijder alleen het menselijk afval zoals weggegooid plastic, illegaal gedumpte vuilnis e.d. Oude boomstammen midden in het bos vormen voor niemand een gevaar en kunnen gewoon blijven staan of liggen. Leuk voor de specht en een fijne broedplek voor de bij. Milieuvriendelijk en kostenbesparend, dus iedereen blij.
- Plant/zaai bloemen, planten en kruiden, die op verschillende momenten bloeien, om door het jaar heen zoveel mogelijk voedsel voor bijen te creëren. Gebruik biologische planten/zaden/bollen of stek planten, die het in de buurt al goed doen.
  Onthoud: Stekken ruilen is niet huilen!
- Laat het gebruik van gif in je tuin en omgeving achterwege.
- Zorg voor een ondiepe bak met schoon water in je tuin (een bijenbassin).
- Bouw een bijenhotel voor die wilde bijen, die graag boven de grond hun eieren leggen en overwinteren. Let op! Laat je niet verleiden tot het kopen van een (commercieel) in elkaar geflanst bouwwerk vol vlug geboorde gaten, waar de houtsplinters nog aan hangen. Deze gaten beschadigen de vleugels van de bijen of hebben tot gevolg dat de bijen, die er eieren willen leggen, klem komen te zitten in de tunnels en sterven.
- Koop zuivere honing van plaatselijke, natuurlijke imkers, die chemische middelen vermijden.
- Eet zoveel mogelijk biologisch voedsel, dat stimuleert de kleinschalige, organische landbouw.
- Geboeid door de honingbij? Word imker op natuurlijke basis.

De E is van Ei, ook bij de Bij

E

Geen bij zonder ei.
Bij de honingbij is het eieren leggen een indrukwekkend vak apart, dat alleen door de heersende Koningin wordt uitgeoefend. Ze legt in haar leven miljoenen eitjes.
Een wilde bijenvrouw doet het rustiger aan. Ze paart maar eenmaal in haar, vaak korte, twee en een halve maand vliegende, leven en legt dan wat eieren.
Voor alle bijen geldt dat het de vrouwen zijn, die het geslacht van de jongen bepalen. Vermengen ze intern een mannelijke zaadcel met hun ei dan zal er een vrouwelijke bij ontstaan. Een ei zonder zaad levert een mannelijke bij op.
Het ei-leg-systeem is boeiend en verschilt per soort. Bij de meeste wilde bijen gaat het als volgt: de vrouwen maken eerst een rijtje kleine broedcellen met een privé hapje voor het ei, 'het pollenbroodje'. Ieder ei krijgt een eigen broedcel en een broodje, een soort slijmerig bolletje.
Vaak zit er aan het einde van de rij een dikke afsluitprop zonder voedsel en een loze ruimte om indringers te ontmoedigen. Soms zitten er toch meer eitjes in een cel. Dan zijn de criminele parasieten langs geweest!

Iedere bijensoort heeft zijn favoriete plek om eitjes te leggen, het liefst gelegen op het zuiden met zoveel mogelijk zon. In Nederland leggen de meeste wilde bijen hun eieren onder de grond (de ene soort in mei, de andere in augustus), maar ook oude boomstronken of holle stengels zijn geliefd. Hiervoor heeft de hulpvaardige mens dat bijenhotel bedacht. Last van een slecht geheugen? Keer dan terug naar de D.
Is het broedcel bouwen, broodjes maken en eieren leggen achter de rug dan sterven de meeste vrouwelijke wilde bijen. De eieren komen na enkele dagen al uit. Er is een larve geboren, die zich verder ontwikkelt in de broedcel en geniet van het 'broodje'.
Het zal ook eens niet: de hommels doen het weer op een geheel eigen wijze, die van alle andere bijensoorten afwijkt. Wil je dat nu al weten? Vlieg dan maar door naar de H en/of de K.

De F is van Familie, zuiver tot op de graat

F

Wie mag de familienaam BIJ dragen?
Alle insecten met 4 vliesvleugels, die nectar en stuifmeel eten. Dit zijn de wilde bijen, waaronder de hommels, en de honingbijen. Deze bijen kennen weer vele soorten en maten. In de hele wereld zijn er meer dan 19.767 (!) soorten bijen beschreven, die zijn onderverdeeld in 500 groepen op basis van hun gemeenschappelijke kenmerken en uiterlijkheden. Vervolgens zijn deze groepen weer verdeeld in zeven verschillende families. Nederland heeft 358 verschillende soorten bijen, die tot zes families behoren. Bijensoorten houden zichzelf zuiver: incest of licht vrijende neven en nichten kennen de wilde bijen niet. Iedere vrouw verspreidt rond haar nest een specifieke, unieke familiegeur. Een uit het nest gekropen man zal nooit aan de poort zijn zus opwachten om mee te paren! Hij zoekt een dame met een uitdagende, onbekende geur van een andere familie binnen zijn specifieke soort. Zo blijft de soort zuiver en sterk. Samen leven onder een dak of een familiereünie kennen de meeste wilde bijen ook niet.

Zodra deze (solitaire) bijen geboren zijn, vliegen ze er in hun eentje op uit, om te doen wat hen te doen staat: eten verzamelen, bloemen bestuiven en zorgen voor hun nageslacht. Er zijn ook wilde soorten, die veel socialer met elkaar omgaan, elkaar ontmoeten, informatie uitwisselen en bijvoorbeeld elkaar helpen bij het verzamelen van voedsel of het bouwen van nesten. Men noemt hen de sociale wilde bijen.
Bij de Honingbij gaat het totaal anders. Zij vormen met elkaar één geheel, leven permanent in een hecht familieverband, hebben een gemeenschappelijke woning, communiceren fascinerend met elkaar, delen de taken en staan elkaar met raad en daad bij. Een alleenstaande honingbij of koningin kan zelf niet overleven en is ten dode opgeschreven.
Er zijn ook hommelsoorten, die gezellig in familieverband onder één dak leven, maar zij zijn veel rommeliger en makkelijker van aard dan de honingbij.

De G is van Goddelijk, daar zijn geen woorden voor

G

Deze bladzijde kan dus verder leeg blijven. Een vrije, open vliegruimte voor de Bij, zonder een huldiging met bloemrijke woorden. Bij deze:

Maar nee, daarmee doe ik de bij en de nieuwsgierige mens tekort. Bekend is dat de bij sinds mensenheugenis een heel bijzondere rol vervult in verschillende godsdiensten en culturen. De tranen van de Egyptische zonnegod Re, bijvoorbeeld, veranderden volgens de oudste Egyptische geschriften in bijen. Ze werkten in bloemen en bomen en zo ontstonden honing en was. Andere oude verhalen vertellen dat bijen rechtstreeks toegang hebben tot het hemelse paradijs, boodschappers van God zijn en een symbool voor de vruchtbaarheid, de ijver en de vrouwelijkheid om maar eens wat voorbeelden te noemen. Overal duiken er daarom bijen op in oude beelden, symbolen, ramen en munten. De kaars van bijenwas, de honing en de alcoholische honingdrank Mede zijn bijenproducten, die nog altijd bij verschillende rituelen worden gebruikt als “heilige” attributen. De bij is zo gek nog niet. Ze maakte en maakt nog steeds een verpletterende indruk op de mensheid en dat is niet voor niets.

De H is van Hommel en Honing - het vloeibare goud -

H

Het echte ambacht van de productie van honing is weggelegd voor de honingbij. Maar deze vaklieden zijn niet de enige! Sommige hommels kunnen er ook een (honing)potje van maken. Ze werken op z'n hommels, gezellig, rommeliger, individueler en minder nauwkeurig dan hun ambachtelijke collega's. Ze produceren een kleine honingvoorraad, die ze volledig nodig hebben als voedsel voor eigen gebruik. De basis voor honing is de vloeibare nectar, die de bijen/hommels verzamelen uit de bloemen in hun omgeving. Tegelijkertijd verzamelen ze andere bouwstoffen en materialen zoals stuifmeel, water en hars.
Bij de honingbij gaat het als volgt: bijenverkenners organiseren eerst een 'nationale bloemverkiezing'. Ze vliegen erop uit om te ontdekken welke nectarrijke bloem het meeste voorkomt in de directe omgeving van het nest. De winnende bloem is de bloem waarop geconcentreerd gevlogen zal worden. Deze bloem bepaalt de smaak van de honing. In één vlucht bezoekt de verzamelbij honderden bloemen. De met de tong opgeslurpte nectar belandt in de speciale honingmaag van de bij. Een deel hiervan gebruikt de hardwerkende, vliegende bij zelf als brandstof. De rest van de nectar wacht een verrassing. Thuisgekomen in het nest begint het grote nectar braakfeest! De verzamelbij braakt de overgebleven nectar uit, een volgende bij slikt het in en braakt het weer uit voor de volgende, smachtende, wachtende bij! Een ware braakpolonaise, waardoor de suikers in de nectar een andere structuur krijgen. Al kotsend belandt het nectarbraaksel, vermengd met antischimmel speekselenzymen, uiteindelijk in een cel van de honingraat. Nu is er werk aan de winkel voor de wapperende werksters. Met hun vleugels wapperen ze boven de gevulde honingraten.
Na een verdampingsproces en een druppel zuiverend gif kan de cel gesloten worden met was en is de vloeibare goudmijn klaar.

Men schat dat er 75 vluchten nodig zijn om 1 gram honing te produceren. Stel dat een imker in een gemiddeld seizoen 20 kilo honing overhoudt om in potten te doen, dan waren er voor deze opbrengst 1,5 miljoen nectar verzamelvluchten nodig! Een rondje nectar verzamelen heeft een gemiddelde straal van 2 tot 3 kilometer. Gaan we van de kleinste afstand uit dan kom je tot de conclusie dat de bijen voor één kilo honing opgeteld in totaal bijna 4 keer om de aarde zijn gevlogen!
Het geeft een extra magische dimensie hieraan te denken bij het genieten van een lepeltje van het vloeibare goud. En dan nog iets: het ziet ernaar uit dat zuivere honing eeuwig houdbaar blijft! In de graven van Egyptische Farao's zijn potten honing ontdekt die nog altijd heerlijk smaken.
De honing dient voor de bij zelf als voedsel voor de larven en als overwintervoedsel. Dat wij, mensen, genieten van heilzame, zuivere honing als alternatieve suiker, als lichamelijke verzorging en medicijn, is te danken aan de natuurlijke imkers. Helaas is niet alle honing meer van zuiver goud. De bij en de honing zijn commercieel aantrekkelijk geworden en worden uitgebuit door de industrie, waarbij er veel rotzooi in de honing belandt.
Over de hele wereld worden er per vliegtuig en in vrachtwagens bijenkasten vol zwermen heen en weer gesleept om, in zo kort mogelijke tijd, zoveel mogelijk nectar te verzamelen en bijvoorbeeld gigantische fruitboomplantages te bestuiven, die weer bewerkt worden met gif. Dit reizen, het gif en het in aanraking komen met vreemde ziekten van collega-bijen uit andere werelddelen, maakt de bij niet blij.
Nee, laten we het positief houden. Honing kopen van een plaatselijke, natuurlijke imker is het beste medicijn voor mens, natuur en bij.

13200'
4
5
6
14
15
16

De I is van Imker, regisseur van een volk

I

De ouderwetse, raten graaiende honingjager uit de prehistorie, ontwikkelde zich door de eeuwen heen tot imker, een persoon die bijenvolkeren verzorgt en begeleidt om honing voor de mens te vergaren. De honingbij is hiermee een 'huisdier' voor de mens geworden.
Imkers zijn er in soorten en maten. Er zijn passionele ambachtslieden, die de natuurlijke leefomstandigheden van de honingbij, hun volk, zoveel mogelijk respecteren en nauwelijks last hebben van bijenjeuk. Ze laten de bijen voornamelijk met rust en bewegen af en toe, lurkend aan een pijp met rustgevende rook, in slow motion, haast meditatief, rond de kast om de raten te 'lezen' en te bekijken of ze iets moeten doen in het belang van het volk. Zo kan er een moment zijn waarop de koningin een speciaal soort onrustig gedrag vertoont. Ze wil gaan verhuizen (zwermen) met een delegatie werksters, omdat het haar door haar eigen eierenopbrengst, te druk wordt in de kast. Dan zal de imker in actie moeten komen om te voorkomen dat zijn volk steeds halveert en uiteindelijk verdwijnt. Door de koningin met wat werksters naar een andere kast over te plaatsen, zal in de eerste kast de sterkste prinses als nieuwe koningin op de troon kunnen plaatsnemen. Ook kan voor de imker het moment van het slingeren van de honing uit de volle raten zijn aangebroken of het bijvoeren van de bijen als hun eigen voedselvoorraad opraakt.
Imkers zijn altijd in te schakelen om neergestreken bijenzwermen te komen 'scheppen'.
Dit voorkomt dat men uit een onterechte, angstige paniekreactie neergestreken zwermen impulsief met gif te lijf gaat en de imker zal blij zijn met een nieuw volk.
Er zijn ruim 8000 imkers in Nederland. Deze leiden weer nieuwe imkers op in het belang van het welzijn van de bijen. Bij gebrek aan holle bomen zijn door imkers getimmerde kasten voor honingbijen in Nederland pure noodzaak geworden.
Naast de gemoedelijke, natuurlijke imkers zijn er ook commerciële imkerbedrijven, die met kunst- en vliegwerk geld verdienen aan het bestuivingswerk van de honingbij en de hommel. Een ware bijen-bio-industrie, die noodzakelijk is zolang de huidige grootschalige landbouw in stand blijft.
Een postbode moet niet raar opkijken als hij iets hoort ritselen of zoemen in zijn postzak. Over de hele wereld worden er bijenkoninginnen met wat personeel aan werksters in enveloppen verstuurd om zuivere sterke rassen te kweken!
Dankzij de imkers is de toegenomen bijensterfte aan het licht gekomen omdat zij zicht hebben op het wel en wee van hun volkeren. Er is een stroom van publiciteit op gang gekomen die voor het merendeel betrekking heeft op de honingbij en de hommel.
Voor de wilde bijen, die het ook moeilijk hebben, bestaan er geen imkers, die 's winters, bij gebrek aan bloemen voor het bijvoederen zorgen of een kant-en-klare overwinterwoning aanbieden. Het is aan ons, om wat te doen, doen door te laten (roept deze zin een vraag op? Terugvliegen naar de D).

CAVALL

De J is van Jeuk, een overschat gevaar

J

Een goed moment om wat bijenangst de wereld uit te helpen:
Om te beginnen heeft men van de mannelijke bij niets te vrezen omdat deze niet eens een angel bezit! Hij kan dus niet steken. Alleen de vrouwelijke bij heeft een angel. Verder is er een verschil tussen de vrouwelijke wilde bij en de vrouwelijke honingbij. De vrouwelijke wilde bij houdt totaal niet van steken. Zij zal dit uit zichzelf nooit doen. Zolang er maar genoeg bloemen te vinden zijn, zal deze bij zelfs een in een honingpot gestoken vinger voorbij vliegen. Maak dus een bloemrijke, bijvriendelijke tuin of terras en er is niets aan de hand. De bij is, in tegenstelling tot de mug en de wesp, geheel vegetarisch en wordt niet aangetrokken tot een met mensen omringde ontbijttafel in de ochtendzon, tenzij er een rijpe banaan op deze tafel ligt! De geur hiervan komt namelijk overeen met de geur die sommige bijen uitzenden als er gevaar dreigt. Wees alleen hiervoor een gewaarschuwd mens.
Geen paniek dus. Laat de wilde bij gewoon in vrijheid haar gang gaan.
Bij de vrouwelijke honingbij is het iets anders. Deze steekt alleen uit pure verdediging van het nest, waarin het volk, het kostbare voedsel en de gezaghebbende koningin zich bevinden. Hiervoor zijn speciale bijenwachters in dienst, die zich ophouden bij de ingang van het nest. Het nest recht voor de opening benaderen, is hetzelfde als midden op een bijensnelweg gaan staan en dus vragen om moeilijkheden.
Benader een nest daarom altijd via de zijkant. Een imker weet dit en werkt in de bijenkasten vaak met een rokende pijp, die een rustgevende werking op de bijen (en de imker) heeft. Soms vindt er in het nest zelf een bijensteekpartij plaats. Dit gebeurt bijvoorbeeld als verschillende prinsessen vechten om de troonopvolging. De winnares overleeft het gevecht nadat ze als eerste een voor deze speciale gelegenheid dodelijke steek heeft uitgedeeld aan een concurrente.
Als een "gewone" honingbij een andere bij steekt, behoudt deze de angel en meestal het leven. Maar als deze bijen genoodzaakt zijn mensen of andere dieren te steken, geven ze hun angel met weerhaakjes en daarmee hun leven. Een dappere daad in het belang van hun volk. Mocht je ooit toch een keer gestoken worden, krab dan de angel zo snel mogelijk weg, door hem naar buiten te duwen zonder erop te drukken, want deze leeft afgebroken van het lijf nog een tijdje, al gif pompend door. Zo beperk je de tijdelijke pijn en jeuk.

De vrouwelijke hommel heeft in tegenstelling tot andere bijensoorten een gladde angel en zou de mens meerdere malen kunnen steken, maar is daar ook totaal niet op uit zolang de bloemen bloeien en de weg vrij is.

Onthoud dus: vrijheid, blijheid, niet op een bijensnelweg gaan staan en hoe meer bijvriendelijke bloemen in de omgeving, hoe meer genot voor iedereen en hoe minder bijenjeuk!

De K is van Koningin, een wonder op aarde

K

Een ware Hare Majesteit de Koningin is alleen te vinden in het nest van de honingbij. Hommelsoorten, met een veel kleiner, rommeliger nest, hebben ook een koningin, maar deze gedraagt zich individueler en minder koninklijk. Zo overwintert de hommelkoningin helemaal alleen en bouwt zij zelf het fundament van het nieuwe nest. Ze verzamelt in het voorjaar, ook alleen, voedsel en legt dan de eerste kleine lading van haar in het vorige seizoen bevruchte eieren. De eieren "broedt" ze zelf uit, waarna er 10 tot 15 werksters geboren worden en de nestcyclus begint. Deze topprestaties staan in schril contrast met Hare Majesteit de Koningin der Honingbijen, in de imkermond "Moer" genoemd. Eenmaal in functie loopt de Koningin 24 uur per dag onrustig heen en weer op het plein van de raat en legt ze geen 10 tot 15, maar 2 tot 3 duizend eitjes per dag! Elk eitje belandt zorgvuldig in een brandschone cel. Is de cel niet schoon dan weigert de Koningin te bevallen. Hare Majesteit is de grootste, meest opvallende verschijning in het nest en wordt permanent begeleid door de hofhouding. Deze hofdames voeden de Koningin met speciaal, zeer energierijk voedsel, de koninginnenbrij en ze likken haar schoon. Hoe komt de Koningin aan het zaad voor al die eitjes? Deze heeft ze aan het begin van haar carrière verzameld tijdens haar spectaculaire bruidsvlucht. Op een zonnige dag schiet de Koningin als een speer het nest uit alsof ze op weg gaat naar de zon. Hoog in de lucht wordt ze bevrucht door meerdere darren, mannelijke bijen, die al hun energie bewaard hebben voor dit hoogtepunt in hun leven. Deze bruidsvlucht levert voldoende sperma op voor jarenlang legplezier.

De Koningin kent in het nest slechts twee taken: het leggen van eieren en het verspreiden van een eigen, uniek, nestparfum. Zolang dit parfum helder en fris is, volbrengen alle bijen van het nest ijverig hun taken. Neemt de geur af, dan wordt een deel van de bijen rebels onrustig. Voor hen is het tijd illegaal voor een troonopvolger te gaan zorgen. Dit doen ze door tenminste 1 grotere, bijzondere cel te bouwen op een speciale locatie onderaan een raat en de Koningin te dwingen hierin een bevrucht ei te leggen. Ze geven dit ei stiekem de koninginnenbrij waardoor er een prinses in deze cel groeit. De Koningin krijgt dit revolutiegedrag in de gaten. Het wordt haar te onrustig en te druk in het nest. Ze verzamelt een zwerm conservatieve, trouwe aanhangers om zich heen en vertrekt met haar aanhang. Ergens op een nieuwe plek zal de "oude" Koningin met behulp van haar trouwe aanhang opnieuw een koninkrijk stichten en zal het wonder zich herhalen. Ze draagt nog genoeg bevruchte eieren bij zich om nog wat jaren mee te kunnen in haar eigen tempo. En haar parfum krijgt vast een nieuwe dimensie door de verandering van haar omgeving en de nieuwe, frisse start. Een bloembed in de natuur zal tenslotte het sterfbed van de Koningin zijn. Hier vliegt ze zelf naartoe als haar tijd gekomen is of ze wordt door de poort hierheen geduwd door haar volk. In het nest zal er dan weer plaats zijn voor een nieuwe troonopvolger.
Dit spektakel is niet weggelegd voor de vele wilde bijensoorten. Zij kennen geen Koningin of een hofhouding. Ze leven niet als onmisbaar onderdeel in een krioelende samenleving. Ze kennen de kracht en de schoonheid van het alleenstaande leven in een rustige omgeving.

De L is van Larve en Levensbehoefte

L

Een gelegd ei van een doorsnee bij verandert na enkele dagen in een larve. Een onschuldig, vredelievend, krom, zacht, wit, blind, kaal wormpje, dat zich niet kan verplaatsen. Dit geldt niet voor een, stiekem door een parasiet gelegd, "illegaal" ei. De larve van de parasiet beschikt meestal over gruwelijke, afwijkende kaken, die het ei of de larve van de "gastvrouw/-heer" vernietigen, zodat deze de ruimte krijgt om alleen in de broedcel verder te groeien.
Een larve groeit snel door het eten van een geheel verzorgde maaltijd en is, na een paar keer uit z'n vel te zijn geknald en voor het eerst te hebben gepoept, klaar om zich verder te ontpoppen tot een bij. Het geslacht draagt de larve met zich mee en is al door de moeder bepaald bij het leggen van het ei (Hoezo? Vlieg maar weer terug naar de E).
Hoelang het ontpoppen van de larve duurt en hoe dit gaat, hangt af van de soort. Het wonder kan zich bijvoorbeeld ook in 14 dagen voltrekken in een bijzondere grote cel in een honingraat.
Hier ontpopt zich een larvenprinses, die voorbestemd is om koningin te worden, dankzij de heel bijzondere, illegaal gegeven, hap.

Maar er zijn ook bijen, die het totaal anders aanpakken. Zo zijn er "volgroeide" larven van wilde bijen, die jaren rust kunnen nemen in een cocon onder de grond voordat zij zich verder ontpoppen tot bij!
Ze overwinteren meerdere jaren als rustlarve en komen verrassend als bij tevoorschijn in een voorjaar naar keuze. Dit komt voor bij bijen met een kieskeurige smaak, zogenaamde voedselspecialisten, die bijvoorbeeld alleen maar stuifmeel van boterbloemen verzamelen om hun larven te voeden. Zo voorkomen ze dat hun soort uitsterft als het een slecht boterbloemenjaar is. Je vraagt je als mens af hoe een larve onder de grond kan vaststellen dat er een goed boterbloemenjaar op komst is. Of zouden ze een kleine, dappere onderzoeks-delegatie vooruit sturen en pas gaan vliegen als die positieve signalen geven aan hun ondergrondse collaga's? Hoe het ook werkt, het is fascinerend slim bekeken.
Maar wat als hun primaire levensbehoefte, de boterbloem, helemaal niet meer in de buurt groeit of voorgoed uitsterft?

La mostra «Friedrich
luoge a Vienna al Muse
al 28 giugno, ed è la prima
dell'artista.
Kunst in Vi
the artist's

De M is van Man, een onbevruchte, onmisbare macho

M

Het heeft iets triests. Alle mannelijke bijen hebben geen vader als voorbeeld. Ze zijn ontstaan uit onbevruchte eieren van hun moeder, zonder zaad van een mannelijke bij. Des te knapper dat ze, zodra ze de vleugels uitslaan, toch weten wat hen te doen staat: PAREN om zo te zorgen voor het vrouwelijke nageslacht en daarmee voor het voortbestaan van hun soort. Een belangrijke taak waar ze alles voor over hebben.
Er zijn enige verschillen tussen de mannelijke wilde bij en de mannelijke honingbij.
De mannelijke wilde bij is slanker, ieler en kleiner van postuur dan zijn vrouwelijke, meer stevige en mooiere soortgenoot. Tijdens het geboorteseizoen verschijnt de wilde bijenman als eerste vioolspeler uit het nest, waarna hij voor zichzelf zorgt en zijn bijenpenis achterna vliegt. Soms lijkt er nog sprake te zijn van wat mannelijke verdediging van een territorium. Dit komt voor bij sommige bijensoorten die, dicht bij elkaar, eigen nesten bouwen in een bepaald landschap. De mannelijke bij vliegt dan dapper op de grens tussen twee nesten of het buitengebied heen en weer om het nest te beschermen tegen vreemde indringers, althans zo lijkt het, maar niets is minder waar! Dit schijnbaar sociale gedrag is alleen maar bedoeld om als eerste te scoren, zodra een vrouwelijke schone een ander nest verlaat. De mannelijke wilde bij kan meerdere keren paren, zonder enig gevaar. Hij sterft moe maar voldaan aan het einde van zijn leven, meestal omdat hij gewoon versleten is.
Dit alles in tegenstelling tot de mannelijke honingbij, ook wel de "dar" genoemd! Deze hoeft allereerst niet voor zichzelf te zorgen, maar wordt vanaf zijn geboorte door de werksters in zijn nest gevoerd als een ware Pascha.
Hij heeft met zijn mannelijke collega's in het nest geen enkele functie, scharrelt wat rond en maakt de boel alleen maar vies. Hij wordt groot, dik en sterk en krijgt bijna een koninginnenformaat. En dan, op een mooie zonnige dag, is het zover. Het is tijd om uit te vliegen naar een koningin-bevruchtings-feest, hoog in de lucht, het absolute hoogtepunt van zijn leven, wat tegelijk zijn absolute dieptepunt zal zijn, als het hem lukt tot een hoogtepunt te komen daarboven. Dan breekt namelijk zijn penis af en stort hij dood ter aarde neer! De dar is niet de enige mannelijke feestganger tijdens de bruidsvlucht van een koningin. Vele darren zijn door het verspreiden van geuren en informatie uitgenodigd op het feest. Als het hem niet lukt tot een paring te komen, en hij daarmee dus zijn leven spaart, keert hij terug naar zijn nest en laat hij zich opnieuw verwennen door een maaltje van een werkster, totdat er weer een bruidsvlucht in de lucht hangt. Soms bezoekt een dar andere nesten en speelt hij voor troubadour. Hij wisselt nestinformatie uit over bruidsvluchten en andere zaken of viert gewoon wat feest bij de buren "aan de bar". Op een bepaald moment, dat in de hele omgeving ongeveer gelijk is, is de grens van de werksters bereikt en maken zij schoon schip in het nest door een einde te maken aan het luizenleven van alle aanwezige darren! Er vindt een ware darren-massa-moord plaats, waarna de werksters de rotzooi opruimen om plaats te maken voor een nieuwe, "frisse" generatie darren.
Want één ding staat als een paal boven de bloemenvelden: zonder een mannelijke bij, geen vrouwelijke bij te bekennen! Roept dit vragen op? Vlieg terug naar de E of verder naar de V.

De N is van Nectar, broodnodige Noodzaak

N

Bijen en bloemen houden van elkaar. Bijen kunnen niet leven zonder bloemen omdat hun enige voedsel, de nectar, als schat in bloemen zit. Niet alle plantensoorten maken nectar, maar wat blijft gelden is: geen bloemen, geen nectar, geen bijen. Hoe minder bloemen, hoe minder bijen dus. Omgekeerd staan bloemen en planten er iets sterker voor. Ze zijn niet helemaal afhankelijk van bijen, al zijn het welkome gasten, die met andere insecten zo'n 80 % van het bestuiven voor hun rekening nemen, wat er weer voor zorgt dat de plantensoort blijft voortbestaan. Daarnaast kunnen de wind, het water en de plant zelf soms ook voor bestuiving zorgen, maar nu vlieg ik te snel door naar de S van Stuifmeel.

Terug naar de broodnodige nectar, het enige echte voedsel voor alle volwassen bijen. Nectar is een vloeibare, natuurlijke energiebron van suiker, opgelost in water. Het bevat met name fructose, glucose en sacharose. Daarnaast kan het veel meer voedingsstoffen bevatten. De nectar zit diep verstopt op de bodem van de bloem. Hoe diep, hoeveel erin zit en met welke samenstelling, hangt af van de soort en de leeftijd van de bloem.

Alleen de honingbij en de hommels zijn echte verzamelaars van nectar. Ze leggen in hun nest een voorraad nectar aan, waaruit honing ontstaat. De andere bijen eten de nectar alleen ter plekke uit de bloem als afhaalmaaltijd of slaan een kleine voorraad op in hun lichaam als vlieg - leef - brandstof. Een honingbij moet, al vliegend, voortdurend keuzes maken. Kiest ze bijvoorbeeld voor een oudere, rijke portie nectar, die zwaarder, stroperiger en moeilijker te vervoeren is of gaat ze voor de lichtere, frisse, wateriger soort van een jonge bloem? Dit hangt vaak af van haar eigen energie en de vliegafstand naar het nest. En dan is er nog het tijdstip waarop de bloem zich opent en sluit, ook dit verschilt per plantensoort. Nee, het leven van een honingbij gaat niet altijd over rozen!

Hoe komt een bij aan nectar? De bij heeft hiervoor een lange, uitklapbare tong, een soort mobiel rietje. De lengte, vorm en breedte van de tong verschilt per bijensoort en is afhankelijk van de soort bloemen, die de bij het liefst bezoekt. De bij-geleerden zijn het er, na jarenlang onderzoek, wel over eens dat men kan stellen: hoe langer de tong, hoe groter het lichaam van de bij. Dat lijkt me ook prettiger voor de vlieg- en zuigbalans. Er zijn meer bijen met een kortere dan met een langere tong. Hoe makkelijker de nectar bereikbaar is bij een plant, hoe meer bijenbezoek, dus. Je moet niet denken dat een bij met een lange tong een nectar-slurp-voordeel heeft, want veel bloemen zijn weer zo gebouwd, dat die lange tong en dat grote lichaam, dan volledig in de bloem klem komen te zitten, waardoor het onmogelijk is om de nectar op te slurpen. Maar daar heeft de natuur natuurlijk ook weer iets op bedacht. Zo is er een waar nectar-diefstal-netwerk! Verschillende bijensoorten, waaronder de zware aardhommel, breken aan de buitenkant van een vaak lange, smalle bloem in. Ze boren onderaan de bloem een gaatje en zuigen vervolgens de nectarbuit op. Dan zijn er ook nog "insluipers" of beter "inslurpers", die het gat van de vorige inbreker gebruiken om met hun tong de achtergebleven restjes nectar te bemachtigen. Let bijvoorbeeld maar eens op de bloemen van de smeerwortel of de akelei en je bent, voordat je het weet, getuige van een inbraak. Wil je het smakelijke, gezonde voedsel van de bij ook eens proeven? Trek dan op een mooie dag voorzichtig een bloem van bijvoorbeeld de witte dovenetel van de kelk en zuig aan het gaatje aan de onderkant het goddelijke vocht eruit (waarschuwing: controleer de bloem eerst op inbrekers en raak niet verslaafd anders blijft er voor de bijen niets over).

BOLOBO

De O is van Oorsprong, van Onkruid en Onder professoren

O

Terug naar de oorsprong. Wie was er eerder, de mens of de bij? De bij met een overtuigende voorsprong! De bij is zeker 100 miljoen jaren ouder (!) dan de mens, die "pas" zo'n 1,8 miljoen jaar geleden met een rechte rug op aarde ging lopen. De oorsprong van de bij blijkt te zijn gekoppeld aan "de Krijtperiode", zo'n 145 tot 66 miljoen jaar geleden, waarin de eerste bloemdragende planten verschenen. De bijen begonnen in deze periode hun carrière als bestuivende hoofdrolspeler.

Onder professoren worden wereldwijd gegevens uitgewisseld over gevonden fossielen, waaruit dit blijkt en waarmee men ontdekt welke soorten bijen er wanneer waren. Vooral de in oude barnsteen (versteend plantenhars) gevonden resten geven veel informatie. Zo kan er een complete bij in zitten, die 50 miljoen jaar geleden nog rustig van bloem naar bloem vloog, maar ook een stuk blad of een bloem met een door een bij geboord gaatje, waaruit weer wetenschappelijke conclusies kunnen worden getrokken. Op versteende bijen aangetroffen nectar- en/of stuifmeel-resten geven weer informatie over de geschiedenis van de plantensoorten. Zo zorgt de bij ook voor wetenschappelijke bestuiving onder professoren.

Om nog even namens de bij wetenschappelijk door te gaan, nu we toch bij de letter O zijn aangeland: het woord "onkruid" kent de bij niet! Het is een door de mens gecreëerd, tijdrovend iets. De menselijke geleerden en vaklieden gebruiken de volgende definitie: "onkruid is dat kruid, wat daar staat, waar het niet gewenst is". Het is de mens die dat, als schijnbare heerser van de aarde, volledig bepaalt. Denk hierbij niet alleen aan woekerend zevenblad of paardenbloemen in het gras. Nee, ook een naaldboom in een aangelegde loofbomentuin of een mooie hosta in een heidetuin, worden door veel tuindeskundigen als ongewenst onkruid beschouwd.

Maar voor een bij maakt dit allemaal niets uit. Een gazon vol bloeiende klaver, madeliefjes en vergeet-me-nieten is een walhalla. Een bloem is een bloem en nectar is nectar. Bespaar jezelf tijd, gun de bij zoveel mogelijk bloemen door het begrip "onkruid" ook uit jouw woordenboek te schrappen. Word regisseur van je eigen tuin en haal alleen planten weg om andere planten wat meer ruimte te geven. Verdiep je in het recept van gezonde zevenblad-pesto en geef de natuur de hoofdrol terug. Iedereen blij, vooral de bij!

DATE STARTED
DESIGNED BY
DATE FINISHED
DATE
DRAWN BY C.J.G.
CHECKED BY A.C.K.
APPROVED BY
12230

De P is van Parasiet, een profiterende collega

P

Denk vooral niet dat alle bijen ijverig en vredelievend zijn! Een kwart van de Nederlandse wilde bijen is parasiet! Ze zijn gemakzuchtig, lui en profiteren van het werk dat door andere bijen is verricht. Ze vertonen bijvoorbeeld koekoeksgedrag door hun eieren te leggen in andermans nesten en/of ze stelen als kleptomanen de voedselvoorraad, het stuifmeel, uit het nest van een collega. Ook zijn er bijen die soortgenoten overvallen om vervolgens hun nest in z'n geheel over te nemen. Criminaliteit alom dus, zo lijkt het. Of is het een vorm van energiebesparing in het belang van het in stand houden van de soort en daarmee van de natuur? De parasitaire bijen verschillen qua uiterlijk vaak van hun aanverwante soorten. Ze zijn vaak kleurrijker (rood/zwart of geel/zwart), hebben een grotere, sterkere angel en lijken soms op een wesp. Vooral vrouwtjes zijn minder behaard als ze tot de stuifmeelkleptomanen behoren en dus zelden stuifmeel hoeven te verzamelen. Ook een puntiger achterwerk en andere lichamelijke handigheden komen voor om binnen te dringen in andermans broedcel om vervolgens een illegaal ei te kunnen leggen.

Als je een geel/zwart gestreepte kleine wespachtige bij laag over de grond ziet vliegen, kun je er donder op zeggen dat deze op zoek is naar een gratis bed & breakfast voor haar nakomelingen.

DIVISION I

De Q is van QuinQuespinosus rophites, een sociale, wilde slurfbij

Q

Hier volgt een:

Bijen - Vermist - Opsporingsverzoek

De "Quinquespinosus Rophites", zeg maar gewoon "de slurfbij", wordt in Nederland vermist sinds 1968. Deze bij is voor het laatst gezien op de Bemelerberg in Limburg. In de rest van de wereld komt deze soort alleen nog voor in het midden van Europa en gematigde delen van Azië, in Zuid-Siberië en in het noordwesten van China. De bij is 8,5 tot 10,5 mm lang, donkerbruin gekleurd, heeft een korte, lichtgekleurde beharing en duidelijke lichtgekleurde banen op het achterlijf.

Deze bij heeft een vaste bloemensoort waarop gevlogen wordt, de zogenaamde "lipbloemen", zoals de stinkende Ballote en de Betonie. In dit soort bloemen komt de lange slurftong goed van pas. De vrouwelijke slurfbij heeft ook nog zo'n 25 gekromde borstels op haar voorhoofd, waaraan het stuifmeel lekker blijft plakken als zij met haar tong in de bloem bezig is om de nectar op te slurpen. Een man heeft deze borstelpartij niet nodig omdat hij alleen voor zichzelf hoeft te zorgen (Hoezo? Vlieg terug naar de E en de N om vervolgens nog even bij de S te landen).

De vrouwelijke slurfbij bouwt haar nest het liefst in een met gras begroeide, lemige zandgrond. Ze maakt eerst een hoofdingang, soms wel 23 cm diep, schuin de grond in en creëert dan in zijgangen zo'n 8 tot 10 kogelronde broedcellen, waarin ze een eitje legt. Deze vrouw is een zelfstandige ondernemer, maar houdt van een sociale omgeving. Haar nest maakt vaak deel uit van een vrouwelijk slurfbijendorp, waarin tientallen nesten van "alleenstaande" collega's aan elkaar grenzen. De slurfbij mannen hebben niets met de nesten en het dorp te maken. Ze leveren "slechts" het zaad voor de vrouwelijke nakomelingen en vliegen snel en grillig rond in de buurt van het dorp als dakloze zwervers. 's Nachts slapen ze vaak hangend in de lipbloemige "vliegplanten" in de buurt. Je weet nooit wanneer er weer eens een dame voorbij vliegt.

Einde van dit Bijen - Vermist- Opsporingsverzoek

Tot op heden zijn er, sinds 1968, helaas geen meldingen binnengekomen van in Nederland rondvliegende bijen, die aan dit signalement voldoen.

Misschien is het de hoogste tijd om afgegraven leemgronden te herstellen zodat de vrije natuur haar welverdiende plaats weer kan innemen en de lipbloemen op de Bemeler- en de Sint Pietersberg zullen terugkeren. Dan kunnen the Beewatchers hun oude plek innemen om de slurfbij opnieuw te verwelkomen.

VISION 2

De R is van Raat en Richtingsgevoel

R

Het bouwen van het ongelooflijke, architectonische hoogstandje, de honingraat, is alleen voorbestemd aan de honingbij. Het vormt het "lichamelijke" huis, het magische skelet van een bijenvolk. Geen raat, geen nest, geen bestaan. De raten dienen als broedkamers en als voedselopslagplaats voor stuifmeel en honing. Een wilde zwerm honingbijen zoekt een holle boom of een rotsspleet met een kleine opening, het liefst op het zuiden, om raten te bouwen. Als het volk geluk heeft hangen er nog wat raten van de voorgangers, die ze kunnen opknappen en uitbouwen. In Nederland bouwen de meeste honingbijen inmiddels hun raten in door een imker verzorgde bijenkasten, waarin de wasraten niet verloren gaan na de oogst van de honing. Hierdoor hebben de bijen minder werk en hebben ze meer energie over om nectar en stuifmeel te zoeken. Zo blijft er uiteindelijk meer honing over voor de mens.
De originele raat wordt, geheel in het donker, gebouwd door werksters. De raat hangt uiteindelijk verticaal naar beneden en bestaat uit twee, naast elkaar rustende lagen, van duizenden, zeshoekige cellen, die gemaakt zijn van was. Deze was komt uit het lichaam van de werksters. Het is een klein wereldwonder hoe zij, scharrelend in het donker, zoveel aaneengesloten, gelijke, zeshoekige cellen kunnen maken. De precieze maat is afhankelijk van de functie van de cel. Zo zijn er iets grotere cellen, waarin het eitje voor een mannelijke dar zal worden gelegd en iets kleinere voor toekomstige werksters of voor de voedselvoorziening. Van elke soort cel is iedere buitenwand van de zeshoek steeds precies even groot, rond de 5 mm. Elke cel is vervolgens 7 tot 8 mm diep. En dan te bedenken dat alle cellen, die voor honing bestemd zijn, vanaf de basis iets schuin omhoog lopen, zodat de honing er niet uitloopt! De eicellen voor de prinsessen vormen een uitzondering. Ze zijn niet zeshoekig, maar hebben een soort pinda-in-de-dop-vorm en hangen vaak op een speciale locatie onderaan de raat. Verschil moet er wezen. Sommige cellen zijn open, andere met was gesloten, afhankelijk van de functie van de cel en de fase waarin het ei of de larve zich bevindt. Soms moet er een hele rand stuifmeel- of honingcellen opgeschoven worden, omdat de koningin zo nodig de lokatie wil gebruiken voor het uitbreiden van haar volk. Ze wil er eieren leggen, terwijl de cellen nog vol zitten met de voedselvoorraad en dus eerst leeg- en schoongemaakt moeten worden. Werk aan de winkel dus, waarvoor de werksters weer opdraaien!
De raat heeft nog een bijzondere functie, waarmee het richtingsgevoel van de honingbij is gediend. Deze wordt namelijk ook gebruikt als dansvloer! Binnengevlogen bijen dansen op de verticale disco-raat-vloer een specifieke pas en geven een bepaalde geur af, waaruit andere bijen precies kunnen opmaken waar een voedselbron te vinden is en hoe ze ernaar toe moeten vliegen. Een eenvoudige rondedans op de vloer vertelt over voedsel tot zo'n 70 meter van het nest. Een uitbundige kwispeldans, waarin de bij haar achterlijf heel enthousiast heen en weer zwiept, geeft informatie over veel langere vliegroutes naar heerlijke bloemenparadijzen tot wel 3 kilometer verderop.
Hoe draagt deze wonderlijke, haast gewichtloze, was-constructie al die eieren, de larven, de zware koningin, de darren, de werkende werksters, het voedsel en de dansende bijenmenigte, friemelend door en over elkaar heen? Dat is het wonder van de raat.

De S is van Stuifmeel, mobiel door de Bij

S

Dames en heren: “ Zonder bijen veel minder appels en peren!”

Voor deze letter geldt dat de hier noodzakelijke, heldere blik de uitzonderingen heeft gevraagd zoveel mogelijk voorbij te vliegen!

Stuifmeel of pollen zijn de mannelijke sporen van zaadplanten. Het hangt meestal aan de meeldraden van een bloem. Het stuifmeel is in principe geen voedselbron voor de bij zelf. De vrouwelijke bij zoekt in een bepaalde periode wel stuifmeel als eiwitrijk babyvoedsel voor haar larven. Ze maakt er die pollenbroodjes van (Jazeker, een verwijzing! Nog vragen? Op naar de E). En er zijn dus de uitzonderingen, bijvoorbeeld een alleenstaande hommelkoningin, die na de winter zelf stuifmeel eet om haar eierproductie op gang te brengen.

Nu naar de kern van het stuifmeel.
Bijen zijn onmisbaar om het aardse appeltje voor de dorst te creëren. Planten en vruchtdragende bomen hebben geen benen. Ze kunnen niet even naar een verderop staande soortgenoot lopen om zich “voort te planten”.

Er zijn weliswaar soorten die zelf intern voor een bevruchting kunnen zorgen of zich door de wind laten bestuiven, maar voor het merendeel geldt dat insecten, vooral de ijverige, harige bijen, voor hen van levensbelang zijn als bevruchtings-taxi! Veel planten en vruchtdragende bomen halen dan ook alles uit de kast om klanten te werven. Met prachtige bloemen, heerlijke geuren en kleuren lokken zij de ijverige bijen om bij hen van bloem naar bloem te vliegen op zoek naar hun enige voedsel. Al friemelend, zoekend naar nectar blijft het stuifmeel van de ene bloem “toevallig” hangen in de haren van de bij. Plakt dit vervolgens aan de stempel van een volgende soortgelijke bloem waarop de bij landt dan is de bevruchtings-bingo een feit! Deze plant heeft nu een hoogtepunt bereikt en alles in huis om verder zelf zaad of een vrucht met zaad te maken voor het nageslacht.
De bij heeft in het bloemenparadijs vaak eenzelfde smaak en favoriete geur als de mens. Er zijn ook stinkende bloemen! Deze worden door de bijen met opgetrokken antenne voorbij gevlogen en voor de bestuiving overgelaten aan “vieze” vliegen.

De T is van Tuin en zelfs van Terras

T

Het hebben van een tuin of een terras is een kans om veel te betekenen voor de bij. De grootte maakt niet uit. Een bij vliegt gewoon over de schutting naar de tuin van de buren om verder te gaan met het verzamelen van voedsel. Veel kleine, bijvriendelijke tuinen op een rij maken samen een waar bijenparadijs.
Het is niet moeilijk buiten een plek te maken waar bijen zich thuis voelen.
Zorg allereerst voor voldoende voedsel voor de bijen. (Bijenvoedsel? Even terugvliegen naar de N en de S).
Alles wat bloeit is in principe geschikt om te planten en te zaaien, maar de favoriete, meest aantrekkelijke planten voor alle bijen zijn de zgn. "drachtplanten". Dit zijn planten die veel nectar en stuifmeel op een bijvriendelijk manier aanbieden. Deze zijn ook geliefd bij vlinders, dus wat wil je nog meer? Het is het beste om stekken en zaden te gebruiken van de planten, die het in de buurt goed doen of laat wat uit zichzelf opkomt gewoon staan. Bloemen van snel opgekweekte, "commerciële", niet-biologische planten, zaden en/of bollen bevatten vaak chemische rotzooi, die de bij beschadigen als deze zich tegoed doet aan de nectar. Dit kan de bedoeling niet zijn. Vlieg daarom nog even terug naar de D van Doen. Ook om de andere tips voor je bijvriendelijke tuin/terras nog een keer aandachtig te lezen. Wil je?
Een onderhoudsvriendelijke bloeiende klimop tegen je huis of een schutting is heel bijvriendelijk en bloeit lekker lang! Geen gesnoei voor de bloei dus!

Het is ook niet nodig een betegelde helikopterlandplaats van je tuin te maken of een groene graswoestijn, als je denkt geen tijd voor tuinieren te hebben. Vraag een deskundige één keer om een ontwerp en/of aanleg van een onderhoudsarme, bijvriendelijke tuin. Laat vervolgens de natuur een hoofdrol spelen. Geniet in de coulissen van alle natuurlijke verrassingen: een brutale overgestoken bloem uit de tuin van de buren, een op het terras neergestreken stokroos, een kleine biologische keukenhof voor je deur, omdat de bollen zich uit zichzelf vermenigvuldigen om eens wat voorbeelden te noemen.

De meeste wilde bijen overwinteren onder de grond. Als je de ruimte hebt is het fijn ergens een stukje grond in de zon met rust te laten. Je zult zien dat er kleine gaatjes in de grond komen. Een teken dat er bijen zijn die zich, ook in de winter, thuis voelen in je tuin. Voor de wilde bijen die in de winter boven de grond rusten, kun je in de zon op ooghoogte een bijenhotel ophangen/maken. Het is leuk te zien hoe de gaatjes dichtgemetseld raken. Ook een berg gesnoeid hout op de grond en/of oude boomstronken met kieren en gaten zullen door bijen gebruikt kunnen worden als overwinterplek en wie weet kruipt er ook nog een egel onder!

DIVISION 3

De U is van Uiterlijke Uitkijk

U

Het kwartje zal misschien bij de vorige letters al ergens zijn gevallen: de bij is dus niet alleen dat harige, bruingele, vliegende honingbeestje.
Hoe beschrijf je het uiterlijk van honderden verschillende bijensoorten? Als gouden draad geldt de volgende aftelrace:
Elke bij heeft: 6 poten, 5 ogen (2 grote en 3 hele kleine), 4 vliesvleugels, 3 lijfdelen (kop, midden- en achterlijf), 2 antennen (op de kop) en 1 taille (tussen midden- en achterlijf).
Verder hebben ze nog veel meer hele specifieke onderdelen, zoals een lange of kortere behaarde tong, waaraan de nectar lekker blijft kleven.
Alleen de vrouwelijke bijen hebben een kleine angel, die ingeklapt in hun achterlijf verstopt zit en die de mens niet of nauwelijks hoeft te vrezen (Is dat zo? Vlieg terug naar de J).
Veel vrouwen zijn sterk behaard om zoveel mogelijk stuifmeel te kunnen verzamelen voor hun kroost. Ze hebben stevige, afgeplatte achterpoten met speciale scharnieren en vertakte haren waaraan ze hun buit vermengd met wat nectar als bolletjes kunnen vervoeren.
Er zijn bijen die verdacht veel op wespen lijken en er zijn wespen, die weer veel op sommige bijen lijken. Ook zijn er (zweef)vliegen, die bijvoorbeeld op een honingbij lijken, behalve dat ze geen taille hebben, kortere antennes en maar twee vleugels. Hoe houd je al deze soorten uit elkaar en weet je dat je met een bij te maken hebt? Als je let op de speciale uiterlijke kenmerken in combinatie met het gedrag is er zelfs voor een bijenleek veel te ontdekken.
Ga op een zonnige dag voor een bijvriendelijk bloemenbed liggen en laat je verrassen.
Zo'n op een wesp lijkende, iets hariger insect bijvoorbeeld, is een vrouwelijke bij als je stuifmeelklonten aan de achterpoten ontdekt en ziet dat deze zich "nestelt" in een stuifmeelbed van een bloem. Dit geldt ook voor een zwarte, op een vlieg lijkende, insect met hetzelfde gedrag.
Als je een op een wilde bij lijkende insect een spin of een kleine insect ziet doden, is het geen bij maar een wesp. Een op een wesp lijkende insect die laag over de grond vliegt en af en toe haar kop in een gaatje in de grond steekt is een bij van de parasietensoort. Een op een bij lijkende insect, die maar twee vleugels heeft is geen bij maar een vlieg. En zo kun je eindeloos doorgaan.

Een waarschuwing is hier op z'n plaats!
Eenmaal toegetreden tot het land der bloemen en bijen is het bijen bestuderen een verslavende bezigheid. Vooral de waggelend vliegende, hamsterende hommels zijn een lust voor het oog, waar zelfs een bijenleek niet omheen kan.
Heb je behoefte aan meer onderscheidend vermogen, dan zijn er gelukkig veel echte bijenkenners, die hun wetenschap graag delen via speciale overzichtskaarten, waar veel soorten bijen op staan, boekwerken of internet.

De V is van Vrouw, een zelfstandige Verleidster

V

De wilde bijenvrouw is breder, steviger en mooier dan de wilde bijenman. Ze is vaak meer behaard en ruikt verleidelijk lekker. Ze heeft een uniek, persoonlijk parfum. Totdat ze de enige man van haar leven ontmoet, waarmee ze één keer een hoogtepunt zal beleven. Dan veranderen de zaken. Bij de paring vervangt de man het heerlijke parfum in een afstotende, vieze lucht. Deze lucht houdt andere mannen voorgoed op afstand, hoe aantrekkelijk zij verder ook is. Zo kan de vrouw in alle rust zorgen voor het nageslacht. Want of ze nu een parasiet of een "gewone" wilde bij is, ze staat er vanaf haar zwangerschap alleen voor. Haar man is voorgoed gevlogen en is in geen bloemenvelden meer te bekennen. Hij is op zoek naar een nieuwe, fris ruikende, vrouw om voor nog meer nageslacht te zorgen.
De achtergebleven vrouw is verder verantwoordelijk voor een nest en voedsel voor het kroost.
De meeste vrouwen gaan zelf op zoek naar stuifmeel en bouwen zelf een nest, maar een parasitaire vrouw organiseert een professionele inbraak bij een andere alleenstaande vrouw.
De vrouw zorgt na de paring in zichzelf voor de bevruchting en bepaalt het geslacht van de kinderen. Het ingebrachte zaad van de man bewaart ze in haar speciale zaadblaas, die zij zelf intern kan bedienen. Een ei met wat zaad wordt uiteindelijk een lekker geurende dochter. Alleen een ei wordt een zoon, die als hij groot is, op zoek zal gaan naar een onbekende, frisse, verleidelijke vrouw van zijn soort, elders. Zo herhaalt de geschiedenis zich in het volgende vliegseizoen.
Als we goed voor de aarde zorgen tenminste.
Bij de vrouwen van de sociaal levende honingbijen en de hommels werkt alles anders, maar die worden bij de K, de H en de W genoeg in de zon gezet.

TENNIS COURT
ONC. BLOCK LAB
HATCH LABOR
ATER TANK
OR CAMP
CAMP
ONE SQUARE MILE
RESERVE
5280'

De W is van Werkster, Was en Winter

W

De wilde bij kent geen huishoudelijke hulp. Een werkster is alleen in dienst bij de honingbij en de hommel. Eén gezond bijenvolk bestaat in de zomer uit wel 60.000 á 80.000 werksters, een paar honderd darren (mannen) en één koningin!
Elke werkster heeft eenzelfde bliksemcarrière. Ze begint, net geboren, zonder het daglicht te hebben gezien, als huishoudster. Ze maakt cellen schoon en verwarmt broedcellen of scharrelt wat rond. Na een paar dagen promoveert ze tot voedster van larven. Ook dit is een binnenklus. Ze gebruikt hiervoor haar nieuw ontwikkelde voedingsklieren en het aanwezige voedsel.
En als haar wasklieren zover zijn, wordt ze cellenbouwster. Ze werkt ijverig aan het bouwen van de raat. De was komt rechtstreeks uit de zijkanten van haar achterlijf. Het is geen ontlasting. Het is een speciaal wit goedje dat pas later geel wordt door stuifmeelolie. Vervolgens is het tijd voor weer een nieuwe carrièrestap van de werkster, waarbij ze voor het eerst een blik naar buiten zal werpen: Ze wordt poortwachter bij de opening van het nest. Alle binnenkomers worden met de antennes gescand op geur en verschijning. Alleen het eigen volk met de eigen geur wordt toegelaten. Brutale honingdieven van een ander volk of wespen worden geweerd en er worden aanvallen uitgevoerd tegen mensen of dieren die te dicht voor de ingang staan. Overleeft ze deze baan dan is de laatste stap in haar loopbaan een feit. Ze is op dat moment pas 4 à 5 weken oud. Ze wordt een verzamelaar, een echte haalbij, tot het einde van haar leven. Ze vliegt erop uit om nectar, stuifmeel, water of harssappen te halen voor het volk.
Zo ziet haar leven er uit. Werken, werken en nog eens werken. Haar carrière is veelzijdig, maar ze zal altijd maagd blijven. En ze wordt nooit een koningin. Is zij in het voorjaar geboren, dan zal ze gemiddeld maar 6 weken oud worden. Een werkster uit het najaar leeft veel langer. Zij haalt het volgende voorjaar als het meezit. De koningin legt in het naseizoen veel minder eieren met het oog op de naderende winter. De energie eisende darren zijn overbodig geworden en worden verwijderd. De najaarswerkster kan het rustig aan gaan doen. Een kleiner geworden bijenvolk, met één koningin maar zonder darren, houdt in de winter rust, elkaar verwarmend en met een extra voedselvoorraad om te overleven.
Een hommelkoningin overwintert alleen. Ze eet zich voor de winter helemaal vol en houdt een winterslaap in een veilige droge vorstvrije plek in de grond.

Hoe doen de andere bijen het in de winter? Voor alle bijen geldt dat het actieve vliegseizoen weer begint zodra de natuur ontwaakt uit de winterslaap en de zon weer gaat schijnen.
Er zijn wilde bijen die in de buurt van elkaar in holle boomstronken een plek zoeken om te overwinteren. Maar veel wilde bijen overwinteren zelf niet. Zij leggen in de laatste fase van hun korte leven eieren onder de grond, in een zandhoop, in een bijenhotel, in holle stengels of op andere plekken in de natuur.
Deze eieren groeien voor de winter al uit tot een volwassen bij of tot rustlarve, verpakt in een cocon. Dit is afhankelijk van de soort. Deze nakomelingen blijven op hun plek tijdens de winter. Ze zullen uitvliegen als hun moment daar is en de zon zich weer laat zien. Laat de natuur daarom zoveel en zolang mogelijk met rust.
Ruim slechts menselijk weggegooid afval op uit de bossen, als je iets voor de natuur en de mens wil doen.

De X is van Xylocopa, zeg maar gewoon "de Houtbij"

X

Er zijn wel 470 verschillende soorten houtbijen, die vooral in de tropen en de subtropen leven. Ze zijn groot en lijken soms verdacht veel op een hommel. Ze kunnen ver vliegen en hebben een goed richtingsgevoel. Houtbijen, die 10 kilometer van hun nest worden losgelaten, vliegen vaak gewoon naar huis terug. In India hebben ze deze bijen dan ook als postduiven gebruikt om berichten over te brengen. Op Java vliegen er "ontangelde" houtbijen aan touwtjes rondjes draaiend in de lucht als attractie voor kinderen.
In Nederland is het anders. Nederland kent maar één soort houtbij, de Xylocopa Violacea. Dit is de grootste bij van het land, die wel 3 cm. lang kan worden. Een bijenleek ziet er misschien een grote vlieg in, maar iemand die de U goed heeft gelezen weet beter. Deze bij is helemaal zwart, behaard en heeft blauw/paars getinte vleugels. De man herken je aan het kleine oranje/bruine, platte puntje aan zijn antennes. Ze vliegen heel snel, de houtbijen, waardoor het in de paringstijd wel eens voorkomt dat een man ergens tegenaan botst als hij zijn concurrent voorbij wil vliegen om als eerste bij een vrouw te zijn.
Een Houtbij houdt van hout! De vrouw maakt haar nest het liefst in oude boomstammen of in het hout van een schuur, een insectenhotel of een paal en knaagt er dan zelf een nestgang in van zo'n 30 cm. diep. Ook bestaande holtes in hout of stengels worden soms gebruikt, maar rot hout wordt altijd overgeslagen. De vrouw legt als grootste bij van het land grote eieren (9-12 mm.), zorgt voor een pollenbrood en sluit elke cel af met een cement van houtsnippers en wat speeksel. De hoofdingang van het nest blijft open. De moeder heeft haar taak volbracht en gaat verder haar eigen gang. Na 7 tot 8 weken vliegen de kinderen als volwassenen uit. Het is dan augustus. De moeder leeft op haar gemak nog ergens in de buurt, maar zal de herfst niet halen. De kinderen, jonge mannen en vrouwen, zoeken bij elkaar een plek om te overwinteren in boomstammen of andere holten. In het voorjaar, als de zon weer schijnt, vliegen ze uit, ieder voor zich. Het is dan van belang te paren met een soortgenoot.
De geweldige "Beewatchers" hebben vastgesteld dat de houtbij op zo'n 11 plantenfamilies is aangetroffen. Wil je eens kennismaken met de grootste bij van Nederland observeer dan de bloemen van de blauwe regen, het vingerhoedskruid, de bonte krokus, het duizendschoon, de appelbloesem, de sleutelbloem, de lis, de dahlia, de sleutelbloem, de salie of de witte dovenetel. Wie weet heb je een geluksdag.

De IJ is van IJverig, niet allemaal

Y

De woorden ijverig en bij hebben een verbinding. Dit is vooral te danken aan de honingbij. Alle vrouwelijke bijen in de kast, zijn in het zomerseizoen dag en nacht volop in beweging. Alle dagen van de week. Ze kennen geen slaapritme. Soms heeft een bij even niets omhanden en grijpt haar kans een hazenslaapje te doen. Of ze scharrelt rustig rond en komt dan al snel te weten wat er dringend gedaan moeten worden in het nest. Ze gaat dan weer ijverig verder. Een honingbij-larve wordt zo'n 1300 keer per dag gecontroleerd door een verzorgster om maar eens een ijverig voorbeeld te noemen. De werksters die erop uit vliegen, de zgn. haalbijen, slapen na een uitputtende werkdag iets langer, maar ook geen uren achter elkaar. Ze hebben wat meer slaap nodig om hun zware taak te volbrengen.
Darren, de mannelijke honingbijen, hebben geen echte taken in het nest. Ze zijn lui. Ze scharrelen wat, hangen rond of vliegen even naar buiten. Soms stelen honingbijen de honingvoorraad van een zwakker buurvolk. Dit bespaart hen duizenden vluchten. Efficiënt, maar niet echt ijverig en erg onaardig.

Wilde bijen hebben wel een echt dag en nachtritme. Ze slapen 's nachts en soms overdag bij slecht weer. Als de zon schijnt zijn veel wilde bijen heel ijverig, maar de parasieten en mannen doen het vaak rustiger aan. Waar slapen de wilde bijen? Niet alleen rond hun nestplek of op een andere beschutte plek, in holten, gaten in de grond of in hout. Ze slapen ook in planten en soms op een heel spectaculaire wijze! Er zijn bijen die alleen hun sterke kaken vastbijten aan een takje of een stevig blad en verder horizontaal gestrekt in de lucht hangend slapen met hun antennes recht naar voren, zonder verder iets te bewegen. Stuntmannen en -vrouwen zijn het. Dan zijn er nog bijen die een bloem als bed gebruiken, een waar bloembed. Ook zijn er slaapgroepen, meestal bestaande uit mannen, soms een groep vrouwelijke parasieten, die bij elkaar in slaap vallen op een plant.
Als je, bij slecht weer, niet bewegende bijen tegenkomt in je planten hoef je dus niet meteen te denken dat ze ten onder zijn gegaan. Als de buien over zijn, zullen ze ijverig hun weg vliegend vervolgen.

13200'
Corner Number
azimuth 180°, a distance
Seven,
distance of 13,200 feet
Corner Number Nine,
Eight, thence
feet to Corner

De Z is van Zon, van Zaaien en Zutphen

Z

De bij houdt van zon en warmte. Het is niet voor niets dat er in de winter geen bij te bekennen is. Op IJsland leven dan ook maar drie soorten bijen. Hoe zuidelijker, zonniger en bloemrijker een land, hoe meer verschillende bijen er rondvliegen. Tenminste, als we goed voor de aarde blijven zorgen. Het is de hoogste tijd de uit de hand gelopen positie van de mens ten opzichte van de natuur te herzien, zodat de natuur weer een eigen plek kan innemen. Laten we zaaien, zodat de natuur kan oogsten. Zaaien met zelf verzameld, natuurlijk, onbespoten zaad uit de directe omgeving, bijvoorbeeld. Dit zaad is zuiver en zal de bijen voedzame bloemen brengen. En laten we niet vergeten ook in het vroege voorjaar en in de herfst te zorgen voor vaste, bloemrijke planten. Laten we oog hebben voor de onvoorstelbare schoonheid van de natuur en respectvol met haar gaan samenwerken in plaats van haar te verzieken.
Iedereen kan helpen, ook al heb je geen tuin of balkon. De tijd is rijp. Overal ontstaan mooie initiatieven. Zo werd bijvoorbeeld in 2009 te Zutphen "Het Bijenlint" geboren. Een initiatief waarbij buurtbewoners een stuk openbare grond van de gemeente "adopteren" om er bijvriendelijke tuinen aan te leggen en te onderhouden. Het doel van het Bijenlint Zutphen is om in de hele stad één aaneengesloten lint met voedzame planten voor de bij te creëren van het voorjaar tot het najaar. Verder vraagt men aandacht voor de zorgwekkende positie van de bij en draagt men lokaal oplossingen aan. Inmiddels is dit initiatief een landelijk fenomeen geworden dankzij de Bijenstichting. Er bestaat nu een landelijk Bijenlint, waaraan veel steden en dorpen deelnemen en waarbij vele, niet commerciële, organisaties en groepen zijn aangesloten om hun kennis te delen. Dit is maar een voorbeeld. Als je eenmaal door de bij bestoven bent en je je eigen voelsprieten uitklapt, gaat er een bijvriendelijke wereld voor je open! Er zijn mooie films over bijen en er is veel praktische informatie te vinden in de bibliotheek en op internet.
Beloofd is beloofd. De A begon wat zuur, deze Z zal zonnig zijn: In de vrije natuur, in de landbouw, in veel tuinen, achter al die schermen, zetten steeds meer mensen zich in voor de bij en de natuur. Er ontstaan veel bijzondere initiatieven. Volop kansen om mee te vliegen. Hoera!
Mocht je als een collega "Bijenleek" begonnen zijn bij de letter A, dan is hier een felicitatie op zijn plaats. Je "Bijenleek-status" kan de bijvriendelijke aarde in.

De Z nu van tot Zover.
Het was me een waar genoegen.
Lang leve de Koningin!
Lang leve de Bij!

Natuurlijk is tot slot het allerlaatste woord aan de BIJ zelf:
B Z Z Z Z Z Z Z Z Z Z Z Z Z Z Z Z Z Z Z Z Z Z Z Z Z Z Z

BEDANKT

Roos, Cees en Hannah voor jullie liefde, humor en wijsheid. Jullie zijn en blijven het mooiste wonder in mijn leven, zelfs na deze kennismaking met de Bij.

BEDANKT, mede namens de KONINGIN en alle andere Bijen:
Christien Greven, Sarah Hamming, Henk Kulk, Tineke Labrujère, Linde Leijh, Ben van Noort, Piek Stor en Stance Westerhoud voor het meelezen, het corrigeren van de tekst, het delen van kennis en de liefdevolle steun. Zonder jullie zou dit boek nog lang op zich hebben laten wachten en lag het werk misschien nog ergens in een la.

Dit boek is mede totstandgekomen dankzij een bijdrage van Zutphen Bijenstad, waarvoor dank!

Het Koninklijke leeslint is aan alle lezers van dit boek aangeboden door de drukker Wöhrmann te Zutphen.

B Z Z Z Z Z Z Z Z Z Z Z Z Z Z Z Z Z Z Z Z Z Z Z Z Z Z Z Z Z Z Z Z Z Z Z Z Z Z Z Z Z Z Z Z Z Z Z Z Z Z Z Z Z Z Z Z